NORMAS NECESARIAS PARA OBTENER RIQUEZA Y FORTUNA

Descubre como puedes generar dinero, aprendiendo estás reglas que podrás implementar fácilmente!

JHON RAVELL

AVISO LEGAL

El editor se ha esforzado por ser lo más preciso y completo posible en el elaboración de este libro, sin perjuicio de que no garantiza ni declara en cualquier momento que los contenidos en este libro son precisos debido a la rapidez de la naturaleza cambiante de la información y el mundo cambiante del Internet. El editor no será responsable de ninguna pérdida o daño de ningún tipo incurrido por el lector, ya sea que surja directa o indirectamente del uso de la información que se encuentra en este libro. Este texto , no está destinado a ser utilizado como fuente de información legal, comercial, contable o asesoría financiera. Se aconseja a todos los lectores que busquen los servicios de profesionales en el campo legal, comercial, contable y financiero.

El lector asume la responsabilidad del uso de la información aquí contenida.

El autor se reserva el derecho a realizar cambios sin previo aviso. El autor no asume ninguna responsabilidad u obligación de ningún tipo en nombre del lector de este texto.

LAS REGLAS DE ORO PARA ADQUIRIR RIQUEZA

En los Estados Unidos, donde hay más tierra que personas, no es nada fácil para las personas con buena salud ganar dinero. En este comparativamente nuevo campo hay tantas vías de éxito abiertas, tantas vocaciones que no son hacinamiento, que cualquier persona de cualquier sexo que esté dispuesta, al menos por el momento, participar en cualquier ocupación respetable que ofrezca, puede encontrar lucrativo empleo. Aquellos que realmente desean alcanzar la independencia, solo tienen que establecer sus mentes en ello, y adoptar los medios adecuados, como lo hacen con respecto a cualquier otro objeto que desean lograr y todo resulta más fácil. Pero sin embargo

puede resultar fácil ganar dinero, no tengo ninguna duda de que muchos de mis lectores lo harán, Estoy de acuerdo en que es lo más difícil del mundo mantenerlo. El camino a la riqueza es, como dice realmente El Dr. Franklin , "tan sencillo como el camino al molino". Consiste simplemente en gastar menos de lo que ganamos; eso parece ser un problema muy simple. Cómo dijo el Señor. Micawber, una de esas frases del genial Dickens, aclara esto cuando dice que tener un ingreso anual de veinte libras por año, y gastar veinte libras y seis peniques, lleva al hombre a ser el más miserable ; mientras que, tener un ingreso de sólo veinte libras y gastar sólo diecinueve libras y seis peniques te puede llevar a ser el más feliz de los mortales. Muchos de mis lectores pueden decir, "entendemos esto: esto es economía, y sabemos que la economía es riqueza; nosotros sabemos que no podemos comer nuestro pastel y quedárnoslo también ". Sin embargo, quizás más casos de fracaso surgen de errores en este punto que casi cualquier otro. Lo más terrible es el hecho de que mucha gente piensa que entiende la economía cuando en realidad no es así.

La verdadera economía se malinterpreta y la gente pasa la vida sin comprender adecuadamente cuál es ese principio. Unos dicen: "Tengo mas ingresos que muchos y aquí está mi vecino que tiene lo mismo; sin embargo, cada año se me presenta algún imprevisto y me quedo corto de dinero; por que no saben lo suficiente sobre economía ".

Creemos que lo hacemos bien, pero no es así. Hay hombres que piensan que la economía consiste en Para grandes celebraciones, parrilladas, cumpleaños, en cortar dos dolares de la factura de lavandería y hacer todo tipo de pequeños gastos, siendo mezquinos hasta para alimentarse.

La economía no es mezquindad. La desgracia es, también, que esta clase de personas deja que su economía aplicar en una sola dirección. Se imaginan que son tan maravillosamente económicos ahorrando medio de dólar donde deberían gastar dos centavos, que creen que puede permitirse derrochar dinero en otras cosas.

Antes de que se descubriera o se pensara en el aceite de kerosene, uno podría detenerse durante la noche en casi cualquier casa de granjero en los distritos agrícolas y obtenías muy buena cena, pero después de la cena podías intentar leer en la sala de estar y resultaba casi imposible con la luz ineficaz de una vela. La anfitriona, al ver esa escena decía su lema: "Es bastante difícil leer aquí las tardes; el proverbio dice "debe tener un barco en el mar para poder encender dos velas en una vez; nunca tenemos una vela adicional, excepto en ocasiones adicionales ". Estos extra ocasiones ocurren, quizás, dos veces al año. De esta manera la buena mujer salva cinco, seis, o diez dólares en ese tiempo: pero la información que podría derivarse de tener la luz adicional, por supuesto, pesaría mucho más que una tonelada de velas.

Pero el problema no acaba aquí. Sintiendo que ella es tan económica en cosas insignificantes cree que puede permitirse el lujo de ir con frecuencia a la aldea y gastar veinte o treinta dólares en artículos de menos importancia, muchos de los cuales no son necesarios. Esta falsa connotación puede verse con frecuencia en hombres de negocios y en en esos casos, a menudo se convierte en papel de escribir. Encuentras buenos hombres de negocios que guardar todos los sobres y recortes viejos, y no rompería una nueva hoja de papel, si podrían evitarlo, por el mundo. Todo esto está muy bien; pueden de esta manera salvar cinco o diez dólares al año, pero siendo tan económicos (solo en papel de notas), piensan que pueden permitirse perder dinero y tiempo; tener fiestas caras y conducir sus carruajes. Ésta es una ilustración del "ahorro del Dr. Franklin en el grifo y desperdiciando en el agujero del tapón "; "Penique sabio y libra tonto".

Es terrible tener que hablar de esta clase de personas con esa mentalidad, como dice el proverbios "son como el hombre que compró un centavo de arenque para la cena de su familia y luego contrató a un entrenador y cuatro personas más para llevarlo a casa ".

Nunca conocí a un hombre que tuviera éxito practicando este tipo de economía. La verdadera economía consiste en hacer que el ingreso supere siempre los gastos.

Use la ropa vieja un poco más si es necesario; prescindir del nuevo par de zapatos; arregla el viejo vestido: vive de comida más sencilla si es necesario; para que, debajo de todo circunstancias, a menos que ocurra algún accidente imprevisto, habrá un margen en favor de ingresos y ayudará a mejorar tu economía. Un centavo aquí y un dólar allá, colocado a interés, continúa acumulando, y de esta manera se alcanza el resultado deseado. Requiere algo entrenamiento, tal vez, para lograr esta economía, pero una vez que se haya acostumbrado, descubren que hay más satisfacción en el ahorro racional que en el gasto irracional.

Aquí hay una estrategia que recomiendo: he encontrado que funciona como una excelente cura para la extravagancia, y especialmente para la economía equivocada. Cuando descubra que no tiene superávit al final del año y, sin embargo, tienes unos buenos ingresos, te aconsejo que cojas unas cuantas hojas de papel, cuaderno o libreta y las conviertas en tu cuaderno de notas y anotes todos los gastos. Realiza todos los días o semanas dos columnas, una titulada "necesidades" o incluso "comodidades", y la otra titulada "Lujos", y encontrará que la última columna será doble, triple y con frecuencia diez veces mayor que el anterior. Las verdaderas comodidades de la vida cuestan una pequeña porción de lo que la mayoría de nosotros podemos ganar. Son los ojos de los demás y no nuestros propios ojos que nos arruinan. Si todo el mundo fuera ciego excepto yo, no debería cuidar la ropa o los muebles finos ". En Estados Unidos a muchas personas les gusta repetir "nosotros somos todos libres e iguales ", pero es un gran error en más de un sentido. Que nacemos "libres e iguales" es una verdad gloriosa en un sentido, pero no todos nacieron igualmente ricos, y algunos sino logran establecer las prioridades y equilibrar sus ingresos y egresos nunca llegarán a ser ricos!.

Muchos pueden decir; "Hay un hombre que tiene un ingreso de cincuenta mil dólares por año, mientras yo tengo sólo mil dólares; Conocí a ese tipo cuando él era pobre como yo; ahora es rico y cree que es mejor que yo; voy a mostrarle que soy tan bueno como él; Iré a comprar un carro último modelo y una casa en la mejor zona de Estados Unidos ,"noooo" yo No puedo hacer eso, pero iré, alquilaré un auto de lujo y viajaré esta tarde en el mismo camino que el recorre y así demostrare que soy tan bueno como él ".

Amigo mío, no necesitas tomarte esa molestia; puedes probar fácilmente que tu Eres "tan bueno como él"; sólo tienes que comportarte tan bien como él; pero no puedes hacer creer a cualquiera que eres rico como él. Además, si te pones estos "Aires", solo perderás tu tiempo y gastarás tu dinero, tendrás que hacer muchos recortes de presupuestos en otras áreas, alimentación u otras para que puedas mantener las "apariencias" y después de todo, no engañarás a nadie.

Por otro lado, la Sra. Smith puede decir que su vecino de al lado se casó con Johnson por su dinero, y "todo el mundo lo dice". Ella tiene un bonito abrigo de pelo de oso de mil dólares, y hará que Smith la consiga una imitación, y ella se sentará en un banco junto a su vecino en la iglesia, solo para demostrar que ella también puede vestirse igual!

Mis queridos lectores ,no saldrás adelante en el mundo, si tu vanidad y la envidia toman la iniciativa. En muchos países, donde creemos que la mayoría deberíamos ignorar ese principio con respecto a la moda, y dejar que un puñado de personas, que se hacen llamar a sí mismos aristócratas, ejecuten un falso estándar de perfección, y dejar de esforzarnos por alcanzar ese nivel, eso hace que constantemente nos mantengamos pobres y andemos todo el tiempo caminando en aras de las apariencias externas. Cuánto más sabio sería crear un regla de oro para nosotros mismos y decir: "regularemos nuestros gastos por nuestros ingresos, y podremos algún día cosechar frutos de esta acción inteligente!.

La gente debería ser tan sensata en el tema de obtener dinero como en cualquier otro tema. Las mismas causas producen los mismos efectos. Hay que entender que no se puede acumular una fortuna tomando Siempre el mismo camino que conduce a la pobreza. No necesitamos un profeta para decirnos que aquellos que viven plenamente gastando al máximo su dinero solo por aparentar para los demás, por vanidad y sin cambiar su forma de pensar nunca podrán alcanzar una independencia económica o libertad financiera.!

Hombres y mujeres acostumbrados a gratificar cada capricho que se les antoje, lo encontrarán difícil, al principio, reducir sus diversos gastos innecesarios, y lo sentirá como una gran prueba de fuego tener que adaptarse a: vivir en una casa más pequeña de lo que estaban acostumbrados, con muebles menos costosos, menos compañía, ropa menos costosa, menos sirvientes, un menor número de bailes, fiestas, salidas al teatro cine, paseos en limusina, excursiones, fumar puros, beber licor y otras extravagancias; pero después todos, si intentan el plan de crear un "nido de huevos", o, en otras palabras, ir guardando una pequeña suma de dinero, a interés o juiciosamente invertirlo en buena tierra, se sorprenderán de el placer que se deriva de agregar constantemente a su pequeña "pila", así como de todos los hábitos económicos engendrados por este curso.

El traje viejo, el sombrero y el vestido viejos durarán otras temporadas; el agua de manantial sabe mejor que el y las cervezas; un buen baño y una caminata enérgica resultarán más estimulantes que un paseo en el mejor coche lujoso e incluso mejorará tu salud; una charla social, una lectura nocturna en el círculo familiar o una hora de juego de "monopolio"o" ajedrez "será mucho más agradable que un cincuenta o cinco fiesta de cien dólares, cuando analicemos sobre la diferencia de costos y el poder dormir tranquilos sin deudas que pagar y siin tarjetas de créditos sobregiradas comenzaremos a conocer los placeres del ahorro. Miles de personas pobres se mantienen pobres toda su vida y no disfrutan verdaderamente su vida por adquirir deudas tras deudas, y decenas de miles se vuelven así después de haber adquirido suficientes créditos o tarjetas de créditos y gastar ese dinero en cosas que nunca le generarán ingresos, como consecuencia de trazar sus planes de vida en una plataforma demasiado amplia. Algunas familias gastan hasta veinte mil dólares por año, y algunos mucho más, y apenas sabría cómo viven con menos, mientras que otros aseguran un disfrute más sólido con frecuencia en un vigésimo parte de esa cantidad. La prosperidad es una prueba más severa que la adversidad, especialmente prosperidad repentina. **"Lo que fácil viene, fácil se va"**, es un viejo y verdadero proverbio. El espíritu del orgullo y la vanidad, cuando se les permite tener pleno dominio, es el inmortal gusano de la úlcera que roe los elementos vitales de las posesiones mundanas de un hombre, que sean pequeñas o grandes, cientos o millones. Muchas personas, a medida que comienzan a prosperar ,expanden inmediatamente sus ideas y comienzan a gastar en lujos, hasta que en poco tiempo, sus gastos se tragan sus ingresos y se arruinan en sus ridículos intentos de mantener las apariencias y hacer una "sensación".

Un hombre de mucha fortuna dice que cuando empezó a prosperar, su Esposa tenia un sofá nuevo y elegante. "Ese sofá", dice, "me costó ¡Miles de dólares!" Cuando el sofá llegó a la casa, ella consideró comprar sillas que combinaran; luego alfombras y mesas "para que hicieran juego con el sofá", y así sucesivamente a través de todo el stock de muebles; cuando por fin se logró la , su esposa dijo que la casa ahora en sí era demasiado pequeña y anticuada para los muebles, y se construyó una nueva casa para corresponder con las nuevas compras; "Así", agregó mi Amigo, "sumando un desembolso de treinta mil dólares, causado por ese sencillo Sofá, y ensillándome, en forma de sirvientes, carruaje y sin mencionar Los gastos que conlleva el mantenimiento de un buen "establecimiento", un desembolso anual de Once mil dólares, y comenzamos a vernos apretados económicamente, mientras que, hace diez años, vivía con mucha más comodidad real, la verdad ", continuó," ese sofá me habría traído a la Inevitable bancarrota, pude haber evitado ese desenlace, puro haber dado un freno a esa apariencia y vanidad de mi esposa y no hubiera llegado a estar en bancarrota.

La base del éxito en la vida es la buena salud: ese es la verdadera fortuna; también es la base de la felicidad. Una persona no puede acumular una fortuna muy bien cuando está enfermo. No tendría ambición; ni incentivo; ni fuerza. Por supuesto, hay quienes tienen mala salud y no pueden evitarlo: no se puede esperar que

Estas personas puedan acumular riqueza, pero hay muchas con buena salud y no saben aprovechar eso!

Entonces, si una buena salud es la base del éxito y la felicidad en la vida, cuán importante es que estudiemos las leyes de la salud, que no es más que otra expresión de las leyes de la naturaleza! Cuanto más nos acerquemos a las leyes de la naturaleza, más cerca estamos de la buena salud y, sin embargo, ¿cuántas personas hay que no prestan atención a las leyes naturales, las transgreden absolutamente, incluso contra su propia inclinación natural. Debemos saber que el "pecado de la ignorancia" nunca se pasa por alto en lo que respecta a la violación de las leyes de la naturaleza; su infracción siempre trae la multa. Un niño puede meter el dedo en las llamas sin saber que lo hará. arde, y así sufre, el arrepentimiento, incluso, no detendrá el dolor o sufrimiento.

Muchos de nuestros antepasados sabían muy poco sobre el principio de ventilación. No sabían mucho sobre el oxígeno y consecuentemente construyeron sus casas con pequeños dormitorios de dos por tres metros sin ningún tipo de ventilación más que la entrada y estos buenos puritanos piadosos se encerraban en una de estas celdas, decían sus oraciones y se iban a la cama. Por la mañana regresarían a dar gracias a Dios devotamente, gracias por la "preservación de nuestras vidas", durante la noche, y no había mejor razón para estar agradecido. Probablemente no sabían que alguna gran grieta o ventana, o en la puerta, para dejar entrar un poco de aire fresco, podía mantenerlos a salvó.

Muchas personas violan las leyes de la naturaleza en contra de su economía, por el bien de la moda. Por ejemplo, una cosa tan simple creada por la naturaleza y a la vez amado por muchos es el tabaco; sin embargo, cuantas personas hay quienes adiestran deliberadamente un apetito antinatural y superan esta aversión por el tabaco, hasta tal punto que llegan a amarlo. Ellos se han apoderado de una maleza venenosa y sucia, o mejor dicho, que se apodera de ellos con firmeza.

Hay hombres casados que corren escupiendo jugo de tabaco en la alfombra y pisos y, a veces, incluso sobre sus esposas. No patean a sus mujeres al aire libre como borrachos, pero sus esposas, no tengo ninguna duda, a menudo desean que estén fuera de la casa. Otra característica peligrosa es este apetito artificial, como los celos, "crece de lo que se alimenta"; cuando amas lo que no es natural, se crea un apetito más fuerte por las cosas dañinas que el deseo natural de lo que es inofensivo. Hay un viejo proverbio que dice que "Un mal hábito deforma nuestra naturaleza", pero un hábito artificial es más fuerte que la naturaleza. Tomemos, por ejemplo, un viejo masticador de tabaco; su amor por el "chimo o tabaco de masticar" es más fuerte que su amor por cualquier particular tipo de comida. Puede renunciar a cualquier alimento sano más fácilmente que a la hierba.

Los muchachos lamentan no ser hombres aún, les gustaría irse a la cama chicos y despertar siendo hombres adultos y para lograrlo copian los malos hábitos de sus mayores. Los pequeños Tommy y Johnny ven a sus padres o tíos fumar una pipa, y dicen:

"Si tan solo pudiera hacer eso, también sería un hombre; el tío John ha salido y dejó su pipa de tabaco, probémoslo ". Cogen un fósforo y lo enciden, y luego desapareció. "Aprenderemos a fumar; ¿te gusta Johnny? Ese muchacho tristemente responde: "No mucho; sabe amargo "; poco a poco se pone pálido, pero persiste, pronto se ofrece un sacrificio en el altar de la moda; pero los chicos se apegan a eso Tratando de perseverar hasta que por fin conquistan sus apetitos naturales y se conviertan en víctimas de vicios adquiridos.

El masticador de tabaco. Por la mañana, cuando se levanta, pone una porción en su boca y lo mantiene ahí todo el día, nunca sacándolo excepto para cambiarlo por uno fresco, o cuando va a comer; ¡Oh! sí, a intervalos durante el día y por la noche, muchos masticadores sacan la porción y la sostienen en la mano el tiempo suficiente para tomar un trago, y luego '"plop" vuelve de nuevo. Esto simplemente prueba que el apetito por el ron es incluso mayor que el del tabaco. Cuando el masticador de tabaco va a una casa de campo y le muestran la siembra de uva y frutas, y la belleza de su jardín y l e ofrecen un poco de fruta fresca y madura, y le dicen: "Mi amigo, tengo aquí las manzanas, peras, melocotones y melocotones más deliciosos albaricoques, Los he importado de España, Francia e Italia, solo vea esas deliciosas uvas; no hay nada más delicioso ni más sano que la fruta madura,así que sírvase usted mismo; Quiero verte deleitarte con estas cosas "; él rodará la querida porción de tabaco debajo de su lengua y responderá: "No, gracias, tengo tabaco en mi boca."

Su paladar se ha narcotizado por la nociva yerba, y ha perdido, en gran medida, el delicado y envidiable gusto por las frutas. Esto muestra lo que hábitos caros, inútiles y dañinos causan y en lo que se convertirán los hombres. Hablo desde mi experiencia. He fumado hasta que temblé como una hoja de álamo, la sangre se precipitó a mi cabeza, y tuve una palpitación del corazón que pensé que era una enfermedad cardíaca, hasta que casi muero de miedo. Cuando consulté a mi médico, me dijo "debe dejar de consumir tabaco". No solo estaba dañando mi salud y gastando una gran cantidad de dinero, sino que también estaba dando un mal ejemplo a mis hijos. Obedecí su consejo.

Estas mismas observaciones se aplican con diez veces más fuerza al uso de bebidas alcohólicas, Para ganar dinero, se requiere un cerebro claro. Un hombre tiene que ver que dos más dos son cuatro; debe trazar todos sus planes con reflexión y previsión, y de cerca Examinar todos los detalles del negocio. Ningún hombre puede tener éxito en negocios a menos que tenga un cerebro que le permita trazar sus planes y una razón para guiar su ejecución, así que, no importa cuan generosamente un hombre pueda ser bendecido con inteligencia, si el cerebro es confuso, y su juicio deformado por intoxicantes bebidas, es imposible para él llevar a cabo su negocio con éxito. Cuantos buenas oportunidades se dejan pasar, que no volverán nunca, mientras un hombre bebe vino, con su amigo! ¿Cuántos tratos errados han hecho bajo la influencia del alcohol? que a veces hace pensar temporalmente a su víctima que es rico.

Cuántas oportunidades importantes se han pospuesto para mañana y luego para siempre, porque la copa de vino ha llevado al sistema a un estado de ineptitud, neutralizando las energías tan esenciales para el éxito en los negocios. En verdad, "el vino es un burlador." El uso de bebidas alcohólicas, es toda una ilusión como lo es el consumo de opio por parte de los chinos, y el primero es tan destructivo al éxito del hombre de negocios como este último. Es un mal absoluto, absolutamente indefendible a la luz de la filosofía; religión o buen sentido. Es el padre de casi todos los demás males de los países!

NO PUEDES ERRAR ELIGIENDO TU VOCACIÓN

El plan más importante y el más seguro para alcanzar el éxito para el joven. Es comenzar en la vida, sabiendo elegir la vocación que más se ajuste a sus gustos.

Los padres y tutores suelen ser demasiado negligentes al respecto. Es muy común que un padre diga, por ejemplo: "Tengo cinco hijos. Haré de Billy un clérigo; John un abogado; Tom un médico y Dick un granjero ". Luego entra en el pueblo y mira a su alrededor para ver qué hará con Sammy. Regresa a casa y dice: "Sammy, veo que la fabricación de relojes es un negocio agradable y elegante; Creo que haré de ti un orfebre ". Él hace esto, independientemente de las inclinaciones naturales de Sam, creyéndose un genio.

Todos, sin duda, nacimos con un sabio propósito. Hay tanta diversidad en nuestros cerebros como en nuestros rostros. Algunos nacen mecánicos naturales, mientras que algunos sienten una gran aversión a la maquinaria. Dejemos que una docena de chicos de diez años se junten y pronto observará que dos o tres están "reduciendo" algunos ingeniosamente; trabajando con cerraduras o maquinaria complicada. Cuando tenían los cinco años, su padre no pudo encontrar ningún juguete que los complaciera como un rompecabezas. Ellos son mecánicos naturalmente, pero los otros ocho o nueve muchachos tienen aptitudes diferentes, pertenecen a la última clase; Nunca tuvieron el menor amor por la mecánica al contrario, tenían una especie de aborrecimiento por la maquinaria, lo veían complicada.

nunca tuve ingenio suficiente para arreglar un grifo de sidra para que no goteara. Nunca pude hacer un bolígrafo con el que podría escribir, o entender el principio de una máquina de vapor. Si, aquel hombre iba a tomar a un chico e intentar convertirlo en relojero, el niño podría, después de un aprendizaje de cinco o siete años, ser capaz de desarmar y armar un reloj; pero a lo largo de su vida estaría trabajando cuesta arriba, porque estaría haciendo algo que nunca le gustó realmente sino que lo hizo por complacer a su padre, aprovechando todas las excusas para dejar su trabajo y perder el tiempo, la Fabricación de relojes nunca le gustó.

A menos que un hombre entre en la vocación que le fue destinada por naturaleza, y mejor adaptado a su peculiar genio, no puede tener éxito. Me alegra creer que el la mayoría de las personas encuentran su vocación correcta. Sin embargo, vemos a muchos que confundieron su vocación, desde el herrero hacia arriba (o hacia abajo) hasta el clérigo. Verás, por ejemplo, ese extraordinario lingüista el "sabio herrero", que debería haber sido profesor de idiomas; y es posible que hayas visto abogados, médicos y clérigos que estaban mejor preparados por naturaleza para el yunque o el regazo piedra.

LUGAR EXACTO, MOMENTO EXACTO

Después de asegurar la ubicación correcta, debe tener cuidado de seleccionar el Negocio correcto. Es posible que tengas vocación para ser un hotelero, y dicen que se requiere un buen genio para "saber cómo mantener un hotel". Podrías dirigir un hotel como a la perfección y atender satisfactoriamente a quinientos invitados todos los días; sin embargo, si Ubicas el hotel en un pequeño pueblo donde no haya comunicación ferroviaria o viajes públicos, la ubicación sería tu ruina.

Es igualmente importante que no inicies negocios donde haya ya suficientes como para satisfacer todas las demandas en la misma ocupación.

EVITA LAS DEUDAS ,SON COMO UNAS PLAGAS

Los hombres jóvenes que comienzan en la vida deben evitar endeudarse. Una de las cosas que arrastra a una persona a las deudas son las enfermedades, pero a veces hay personas sanas que se endeudan y se enferman de tanta preocupación y estrés, sin embargo, encontramos a muchos hombres jóvenes, apenas fuera de su "adolescencia", endeudado (y sí, esto ha estado sucediendo durante siglos desde que los hombres y la historia podría recordar). Se encuentra con un amigo y le dice: "Mira esto: tengo apartado un nuevo traje ". Pueda que pague esa primera vez; bueno, con frecuencia es así, pero, si logra pagar y luego obtiene a crédito nuevamente, está adoptando un hábito que lo mantendrá en la pobreza de por vida.

La deuda le roba al hombre el respeto por sí mismo y casi lo hace despreciarse a si mismo, gruñendo y gimiendo porque solo trabaja por lo que ha comido o gastado, y ahora, cuando se le pide que pague, no tiene nada más que hacer que pagar y entregar su dinero; esto se denomina correctamente "trabajar para un caballo muerto". No hablo de comerciantes comprando y vendiendo a crédito, o de quienes compran a crédito con el fin de convertir lo compra con ganancias.

El dinero es en algunos aspectos como el fuego; es un sirviente excelente pero un Maestro terrible. Cuando lo tengas dominándote; cuando el interés esta constantemente amontonándose contra ti, te mantendrá en la peor clase de esclavitud. Pero logra que el dinero trabaje para usted, y tendrá el mejor y más devoto Sirviente del mundo. "No es cualquier sirviente". No hay nada animado o inanimado que funcione tan fielmente como el dinero cuando se coloca a interés, bien asegurado. Funciona día y generando ingresos pasivos, llueva o haya sequía seguirá produciendo!

Así que no dejes que esto actúe en tu contra; si lo hace, no hay posibilidad de éxito en La vida en lo que se refiere al dinero.

LA PERSEVERENCIA ES REALMENTE NECESARIA PARA LA LIBERTAD E INDEPENDENCIA ECONÓMICA

Cuando un hombre está en el camino correcto, debe perseverar. Hablo de esto porque hay algunas personas que "nacen cansadas"; naturalmente perezoso y sin poseer autosuficiencia y sin perseverancia. Pero pueden cultivar estas cualidades, como Davy Crockett dijo:

"Recuerda esto, cuando esté muerto: asegúrate de tener razón, luego vete adelante." Es esta adicción a seguir adelante, esta determinación de no dejar que los miedos o dudas se apoderen de ti, para que utilices tus energías en la lucha por la independencia y libertad financiera, la cual se debe cultivar.

Muchos casi han alcanzado la meta de su ambición, pero, pierden la fe en sí mismos, han desviado sus energías, y el premio de oro se ha perdido.

Sin duda, a menudo es cierto, como dice Shakespeare: "Hay una marea en los asuntos de los hombres, que, tomada por el diluvio, conduce a fortuna."

Sin duda, una mano diligente y trabajadora obtendrá el Premio mayor. Recuerden el proverbio de Salomón: "La mano negligente empobrece; Mas la mano de los diligentes enriquece."

La perseverancia es a veces otra palabra que debemos tener en cuenta para poder lograr la independencia económica y una verdadera libertad financiera. Muchas personas naturalmente miran el lado oscuro de la vida y toman prestado provocando en sus vidas una lluvia de problemas. Nacen así, que. siempre piden prestado, son inconstantes , personas de doble ánimo ,que serán como gobernados por el viento y llevados de un lado a otro, y no pueden confiar en sí mismos. Hasta que no puedan llegar a confiar en si mismo, de seguro este tipo de personas no podrán tener éxito.

Hombres que se han encontrado con reveses pecuniarios y absolutamente comprometidos suicidio, porque pensaban que nunca podrían superar su desgracia. Pero yo he conocido a otras personas que se han enfrentado a dificultades financieras más serias, y han los tendió un puente con una simple perseverancia, ayudado por una firme creencia de que estaban hacer con justicia, y que la Providencia "vencerá el mal con el bien". Verá esto ilustrado en cualquier esfera de la vida.

HAGAS LO QUE HAGAS, HAZLO CON

TODO TU ESFUERZO Y TRATA DE SER CONSTANTE

Trabaje en ello, si es necesario, temprano y tarde, en temporada y fuera de temporada, no dejando una piedra sin remover, y sin aplazar ni una sola hora lo que puede ser hecho igual de bien ahora. El viejo proverbio está lleno de verdad y significado: "Todo lo que sea vale la pena hacerlo, vale la pena hacerlo bien ". Muchos hombres adquieren una fortuna haciendo su negocio a fondo, mientras que su vecino sigue siendo pobre de por vida, porque el solo se esforzó la mitad. El deseo, la pasión, el esfuerzo, el trabajo duro y la perseverancia, son indispensables requisitos para el éxito en los negocios.

La fortuna siempre favorece a los valientes y nunca ayuda a un hombre que no confía en si mismo. No conviene pasar el tiempo como el Sr. Micawber, esperando algún milagro financiero para "aparecer". Para tales hombres, una de dos cosas suele "aparecer": el asilo o la cárcel; porque la ociosidad engendra malos hábitos, y viste al hombre de harapos. El pobre vagabundo derrochador le dice a un rico: "He descubierto que hay suficiente dinero en el mundo para todos nosotros, si estaba igualmente dividido; esto debe hacerse, y todos seremos felices juntos ".

"Pero", la respuesta fue, "si todo el mundo fuera como tú, se gastaría toda una fortuna en dos meses, ¿y luego que harías entonces? " "¡Oh! Dividir de nuevo; seguir dividiendo, por supuesto! " Recientemente leí en un periódico de Londres un relato de un mendigo que fue expulsado de una pensión barata porque no podía pagar su factura, pero tenía un rollo de papeles que sobresalían del bolsillo de su abrigo, que, después de analizarlo, resultó ser su plan para pagar la deuda nacional de Inglaterra sin invertir ni centavo.

La gente tiene que hacer lo que dijo Cromwell: "no solo confiar en la Providencia, sino mantén el polvo seco ". Haga su parte del trabajo o no podrá tener éxito. Mahoma, una noche, mientras acampaba en el desierto, escuchó a uno de sus seguidores fatigados comentando: "¡Soltaré mi camello y se lo confiaré a Dios!" "No, no , no es así ", dijo el profeta," ata tu camello y confía en Dios ". Haz todo lo que puedas por ustedes mismos, y luego confíen en la Providencia, o la suerte, o como quieran llamarlo, para el resto

A VECES EL ÉXITO EN LOS NEGOCIOS DEPENDE DE LO QUE APRENDAS Y COMO LO ENSEÑES Y EJERCITES A TU PERSONAL

El ojo del empleador a menudo vale más que las manos de una Docena de empleados. En la naturaleza de las cosas, un agente no puede ser tan fiel a su empleador como para Él mismo.

Los empleados muchas veces dejan pasar por alto muchos puntos importantes que de seguro no podrían haber escapado a su Propia observación como propietario. De esa forma, confiando al

100 % el negocio en un empleado no se puede esperar triunfar en la vida todo el tiempo.

A menos que el empleado comprenda su negocio y nadie podrá entender su negocio A fondo a menos que lo aprenda por capacitación y experiencia personal. Un hombre Puede ser un fabricante: tiene que aprender los muchos detalles de su negocio Personalmente; aprenderá algo todos los días, y descubrirá que hará Errores casi todos los días. Y estos mismos errores le ayudan en el camino de Experiencias si él las escucha. Será como el vendedor de hojalata yanqui, que, Habiendo sido engañado en cuanto a la calidad en la compra de su mercadería, dijo: "Todos Cierto, hay un poco de información que se puede obtener todos los días; Nunca seré engañado de esa manera otra vez ". Así, el hombre aprendió a comprar por su experiencia, y llegó a ser uno de los mejores compradores de la historia.

Entre una de las máximas enseñanzas del anciano Rothschild había una, que era una aparente paradoja:

"Sea cauteloso y valiente". Esto parece ser una contradicción en términos, pero no lo es, y hay una gran sabiduría en la máxima. De hecho, es una declaración concentrada o resumida de lo que ya he dicho. Es decir; "Debes tener cuidado al trazar tus planes, pero sé valiente en llevarlos a cabo ". Un hombre que es solo cauteloso, nunca se atreverá a afianzarse y tener éxito; y un hombre que es solo audacia, es simplemente imprudente, y eventualmente debe fallar. Un hombre puede continuar con el "cambio" y hacer cincuenta, o cien mil dólares en especulación con acciones, en una sola operación. Pero si tiene simple audacia sin precaución, es mera casualidad, y lo que gana hoy perderá mañana. Debes tener tanto la precaución como la audacia, para asegurar el éxito.

El maestro Rothschild tiene otro buen consejo: "Nunca tengas nada que ver con un hombre o un lugar desafortunado ". (Esta regla o consejo en particular también se discute en las Leyes del poder). Es decir, nunca tener nada que ver con un hombre o lugar que nunca tiene éxito, porque, aunque un hombre pueda parecer honesto y inteligente, pero si intenta esto o aquello y siempre falla, es por culpa de alguna falla o enfermedad que quizás no puedas descubrir pero que, sin embargo, que debe existir.

La suerte no existe en el mundo. Nunca hubo un hombre ¿Quién podría salir por la mañana y encontrar hoy una bolsa llena de oro en la calle? y otro mañana, y así sucesivamente, día tras día: puede hacerlo una vez en su vida; pero en lo que respecta a la mera suerte, es tan probable que la pierda como que la encuentre. " las Mismas causas producen efectos similares ". Si un hombre adopta los métodos adecuados para tener éxito, La "suerte" no se lo impedirá. Si no tiene éxito, hay razones para ello, aunque, quizás, no pueda verlos.

UTILIZA LAS MEJORES HERRAMIENTAS

Al entrenar a un empleado se debe enseñar de la mejor

manera, de forma tal que pueda entender que no siempre habrán las mejores herramientas, pero se debe hacer lo posible y dar un máximo esfuerzo por internet siempre los mejores resultados. Si consigues un buen trabajador que logré entender y asimilar eso, es mejor quedártelo, que seguir cambiando. Aprenderá nuevo todos los días; y te beneficia en mejores resultados al adquirir experiencias. El vale más para ti este año que el año pasado, y es el último hombre al que deberías despedir, siempre que sus hábitos sean buenos y siga siendo fiel. Si, a medida que se vuelve más valioso, exige un aumento de sueldo exorbitante; sobre el Supongamos que no puedes prescindir de él, déjalo ir. Cada vez que tengas un empleado así es mejor despedirle; Primero, para convencerlo de que su lugar puede ser ocupado por otra persona, y segundo, porque no sirve para nada si piensa que es invaluable y no se puede escatimar.

Pero lo conservarías, si es posible, para beneficiarte del resultado de su experiencia. Un elemento importante en un empleado es su mentalidad o forma de pensar. Puedes ver anuncios que digan "Se buscan manos", pero "manos" no valen mucho sin "Cerebros". Los hombres que tienen cerebro y experiencia son, por lo tanto, los más valiosos y de los que no se podrán despedir fácilmente; es mejor para ellos, así como para usted mismo, para mantenerlos, con avances razonables en sus salarios de vez en cuando.

ESTABLECE REGLAS EN TU NEGOCIO

Los Hombres jóvenes después de completar su formación empresarial, o aprendizaje, en lugar de dedicarse a su vocación y ascender en su negocio, menudo mentirá acerca de no hacer nada. Ellos dicen; "He aprendido mi negocio, pero no voy a ser un asalariado; cual es el objeto de aprender mi oficio o profesión, a menos que yo me inicie un negocio propio? "

"¿Tienes capital para empezar?"

"No, pero lo voy a tener".

"¿Cómo lo vas a conseguir?"

"Te lo diré confidencialmente; Tengo una tía adinerada y ella morirá muy pronto; pero si no lo hace, espero encontrar a un viejo rico que me preste unos miles de dólares para empezar. Si solo consigo el dinero para empezar, lo podré hacer bien."

No hay mayor error que cuando un joven cree que lograra triunfar con dinero prestado. Y tenga en cuenta que este tipo de historia todavía se repite incluso en el siglo XXI. ¿Por qué? Porque la experiencia de cada hombre coincide con la del Sr. Astor, quien dijo, "le fue más difícil acumular sus primeros mil dólares, que todos los millones sucesivos que formaron su colosal fortuna ". El dinero no sirve para nada a menos que conozcas su valor por experiencia. Dale veinte mil a un joven y ponlo en el negocio, y es probable que pierda cada dólar antes de que tenga un año más. Sería Como comprar un boleto en la lotería; y sacar un premio, es "cómo fácil llega, fácil se va.

". Porque es dinero obtenido fácilmente y la mayoría de las personas No conocen el valor de eso debido a la falta de educación financiera; nada vale para nadie, a menos le cueste esfuerzo. Sin abnegación y economía; paciencia y perseverancia, y comenzando con el capital que usted no ha ganado, seguro será más fácil de tener éxito en la creación de una fortuna. Los jóvenes en lugar de "esperar los zapatos nuevos ", deberían estar despiertos y con su mentalidad de emprendedores, porque no hay nada peor que darle todo regalado y complacerles en todo con en cuanto a la moda, el ultimo celular o el último objeto de moda y es una suerte para los futuros herederos que así sea. Pero si no les enseñas el valor de las cosas y a esforzarse para ganárselos aunque seas multimillonario es mal educarlo financieramente, incluso si amasaras una gran fortuna y mueres ten por seguro que en menos de lo que canta un gallo, este heredero malgastara, derrochará y llevará a la bancarrota la fortuna que tanto te costó ahorrar!.

Nueve de cada diez de los hombres ricos de nuestro país hoy, comenzaron en la vida como pobres muchachos, de voluntad decidida, laboriosidad, perseverancia, economía y buenos Hábitos. Continuaron gradualmente, hicieron su propio dinero y lo ahorraron; y esto es la mejor forma de adquirir una fortuna. Stephen Girard comenzó su vida como un pobre grumete y murió por valor de nueve millones de dólares. A. Stewart era un pobre chico irlandés; y el pagó impuestos sobre un millón y medio de dólares de ingresos, por año. John Jacob Astor era un niño campesino pobre y murió dejando una fortuna para su familia de veinte millones de dólares. Cornelius Vanderbilt comenzó su vida remando en un bote de Staten Island a Nueva York; presentó un proyecto a nuestro gobierno con un barco de vapor por valor de un millón de dólares, y murió dejando una fortuna de más de cincuenta millónes. No hay un camino único para aprender", dice el proverbio, y puedo decir que es igualmente cierto, "no hay un camino único hacia la riqueza". Pero creo que hay un camino real hacia ambas cosas. El camino hacia el aprendizaje es real; el camino que permite al alumno expandir su intelecto y agregar cada día a su reserva de conocimiento, hasta que, en el placentero proceso de crecimiento intelectual, es capaz de resolver los más profundos y difíciles problemas, contar las estrellas, analizar cada átomo del globo y medir el firmamento, es un camino real, y es el único camino que vale la pena recorrer.

Entonces, en lo que respecta a la riqueza: continúe con confianza, estudie las reglas y todas las cosas que puedan enriquecer su conocimiento (cursos, seminarios, webinarios,, estudien la naturaleza humana; porque "el estudio apropiado de la humanidad es el hombre", y encontrará que mientras expandes el intelecto y lo ejercitas, la experiencia le permitirá cada día acumular más y más capital, que se incrementará por el interés y de otra manera, hasta que llegue a un estado de independencia económica. Encontrará, como una cosa general, que los muchachos pobres se hacen ricos y los chicos ricos se empobrecen.

Por ejemplo, un hombre rico al fallecer deja una gran propiedad a su familia. Sus hijos mayores, que le han ayudado a ganar fortuna, conocen por experiencia el valor del dinero; y toman su herencia y la aumentan, separan las partes de los niños pequeños y los ponen a ganar interéses, a los pequeños le darán palmaditas en la cabeza y le dirán una docena de veces al día: "eres rico; usted nunca tendrás que trabajar, siempre puedes tener lo que quieras, porque naciste con una cuchara de oro en tu boca ". El joven heredero pronto descubre lo que eso significa; él tiene los mejores vestidos y juguetes; está atiborrado de caramelos de azúcar y casi "asesinado con bondad", y pasa de escuela en escuela, acariciado y alabado por todos. Se vuelve arrogante y engreído, abusa de sus maestros y trata a todos mal y se jacta de tener mucho dinero gastando lo que quiera. No sabe nada del valor real de Dinero ni de la vida, sin haber ganado nunca; pero lo sabe todo sobre la "cuchara de oro". En la universidad, invita a sus pobres compañeros de estudios a su habitación, donde organiza "Vinos y cenas" para ellos. Es elogiado y exaltado, y todos dirán que es lo máximo, si, porque es tan generoso con su dinero. Da sus cenas de caza, conduce su caballos veloces, invita a sus amigos a fiestas y más fiestas, decidido a tener mucha diversión "Buenos tiempos." Pasa la noche en juegos y libertinaje, y comienza a cantar con sus compañeros su canción preferida, "no iremos a casa hasta la mañana". Él conseguirá que se unan a él para derribar carteles, tocar las puertas y salir corriendo, pintar grafitis. Si la policía los arresta, él los derriba, es llevado al calabozo y alegremente paga las facturas.

"¡Ah! muchachos ", grita," ¿de qué sirve ser rico, si no

puedes disfrutar? usted mismo Podría decir es una gran verdad, "si no sería ridículo"; los Hombres jóvenes sin conocimiento, imprudentes y derrochadores, es casi seguro que el dinero que hereda lo pierda todo y adquiera todo tipo de malos hábitos que, en la mayoría de los casos, los arruinan en la salud, el bolsillo y personalidad. En este mundo, una generación sigue a otra, y los pobres de hoy son ricos en la próxima generación, o la tercera. Su experiencia los lleva a volverse ricos y dejan vastas riquezas a sus hijos pequeños. Los niños, que han sido criados con lujos, carecen de experiencia y se empobrecen; y después larga experiencia viene otra generación y vuelve a acumular riquezas a su vez. Y así "la historia se repite", y feliz es el que escuchando La experiencia de otros evita las rocas y los huecos de la carretera en los que muchos han salido destrozados.

En este país, el hombre inicia cualquier negocio. No importa ya sea de herrero, zapatero, agricultor, banquero o abogado, siempre que su negocio sea legítimo, puede llegar a ser un gran hombre de Negocios. Por tanto, cualquier negocio "legítimo" es una doble bendición ayuda al hombre que se dedica a ella y también ayuda a los demás. El granjero mantiene a su propia familia, pero también beneficia al comerciante o al mecánico que necesita los productos de su finca. El sastre no solo se gana la vida con su comercio, pero también beneficia al agricultor, al clérigo y a otros que no pueden hacer su propia ropa. Pero todas estas profesiones y oficios a menudo mucha gente las realiza. El gran deseo y vocación deben superar a todos los demás que se dedican a la misma ocupación. El estudiante universitario que estaba a punto de graduarse, le dijo a un viejo abogado: "Todavía no he decidido qué profesión seguiré. Quizás sea tu profesión :¿Seguro?"

"El sótano está muy concurrido, pero hay mucho espacio arriba", fue la respuesta ingeniosa y veraz del viejo abogado.

Ninguna profesión, oficio o vocación está abarrotada en el piso superior. Dondequiera que encuentre al comerciante o banquero más honesto e inteligente, o al el mejor abogado, el mejor médico, el mejor clérigo, el mejor zapatero, carpintero, o cualquier otra cosa, ese hombre es el más buscado y siempre tiene suficiente para hacer. Como en esta nación, los estadounidenses son demasiado superficiales: se esfuerzan por enriquecerse rápidamente y por lo general, no hacen sus negocios de manera tan sustancial y exhaustiva como deberían, pero quien supera a todos los demás en su propia línea, si sus hábitos son buenos y su integridad indudable, no puede dejar de asegurar un patrocinio abundante, y la riqueza que sigue naturalmente. Deje que su lema sea siempre "Excelente", porque al vivir a la altura para él no existe la palabra fallar.

APRENDA ALGO ÚTIL

Todo hombre debe hacer que su hijo o hija aprenda algún oficio útil o profesión, de modo que en estos días de fortuna cambiante de ser rico hoy y los pobres mañana pueden tener algo tangible a lo que apoyarse. Esta provisión podría salvar a muchas personas de la miseria, que por algún giro inesperado de fortuna han perdido todos sus medios.

DEJE QUE LA ESPERANZA PREDOMINE, PERO NO SEA DEMASIADO FANTASIOSO

Muchas personas siempre se mantienen pobres porque son demasiado fantasiosas. Cada proyecto les parece un éxito seguro y, por lo tanto, siguen cambiando de un negocio a otro, siempre en agua caliente, siempre "bajo la grada". El plan de "contar los pollos antes de que nazcan" es un error muy antiguo, pero no parece mejorar con la edad.

NO DISPERSES TUS ESFUERZO

Cómo dice el dicho: "El que mucho abarca, poco aprieta" Participe en un solo tipo de negocio y cúmplalo fielmente hasta tener éxito, o hasta que su experiencia demuestre que debe abandonarlo. Una constante martillada de clavos generalmente lo conducirá a terminar la casa por fin, de modo que pueda ser remachado. Cuando la atención indivisa de un hombre se centra en un objeto, su mente estará constantemente sugiriendo mejoras de valor, que se le escaparían si su cerebro estaba ocupado por una docena de sujetos diferentes a la vez. Muchas fortunas han se deslizó entre los dedos de un hombre se convirtió en que estaba involucrado en demasiadas ocupaciones a la vez. Tiene buen sentido la vieja advertencia de no tener demasiados hierros en el fuego a la vez.

SEA SISTEMÁTICO

Los hombres deben ser sistemáticos en sus negocios. Una persona que dirige su negocio por regla, tendrá tiempo y lugar para todo, hará su trabajo con prontitud, logrará el doble y con la mitad de la molestia de quien lo hace descuidadamente y desorganizadamente, . Al introducir un sistema en todas sus transacciones, haciendo una cosa a la vez, cumpliendo siempre las citas con puntualidad, encontrar ocio para el pasatiempo y la recreación; mientras que el otro hombre deja todo a la mitad hace una cosa, y luego pasa a otra cosa, , tendrá su negocio con cabos sueltos, y nunca sabrá cuándo ha terminado su trabajo diario, porque nunca lo tendrá hecho completo. Por supuesto, hay un límite para todas estas reglas. Debemos tratar de preservar el ambiente adecuado y tratar de estar feliz, pero sin exagerar porque tampoco se puede ser demasiado sistemático. Hay hombres y mujeres, por ejemplo, que guardan las cosas con tanto cuidado que nunca pueden encontrarlos de nuevo. Es demasiado parecido a la formalidad de la "burocracia" en Washington, y La "Oficina de atención" del Sr. Dickens, muchas promesas y ningún resultado.

DOCUMENTESE DIARIAMENTE PRINCIPALMENTE SOBRE NOTICIAS

FINANCIERAS

Lleve siempre un periódico de confianza o lea en internet en sitios de confianza noticias económicas y material financiero y manténgase bien informado respecto al mercado financiero y la economía del mundo. Aunque ya casi nadie Lee el periódico.. En estos días en Internet, hay muchos inventos importantes y se están realizando mejoras en todas las ramas del comercio, y quien no ni se actualiza diariamente pronto se encontrarán él y su negocio abandonados en el frío del pasado sin ninguna evolución, ni mejoras.

CUIDADO CON LAS "OPERACIONES Y NEGOCIOS FRAUDULENTOS"

A veces vemos a hombres que han obtenido fortunas, de repente y de un día a otro dejan de ser pobres. En muchos casos, esto se debe muchas veces a negocios fraudulentos o menudo a los juegos de azar y a otros malos hábitos. Cuando se enriquece con su negocio ilegítimo, en el que puede hacer una veintena de miles. Él es constantemente halagado por sus amigos, quienes le dicen que ha nacido con suerte, que todo lo que toca se convierte en oro.

Pasan unos días y se descubre que debe poner diez mil dólares más: poco después de que le digan "está bien", pero ciertos asuntos no están previstos, Se Requiere un anticipo de veinte mil dólares más, lo que le generará grandes ganancias; pero antes de que llegue el momento de darse cuenta, la burbuja estalla, pierde todo lo que posee, y luego aprende lo que debería haber sabido al principio, que por muy exitoso que pueda ser un hombre en su propio negocio, si se aparta de el y se ocupa de un negocio que no comprende, es como Sansón cuando despojado de sus cabellos, su fuerza se ha desvanecido, y se vuelve como los demás hombres.

Si un hombre tiene mucho dinero, debe invertir en algún negocio que parece prometer el éxito y que probablemente beneficiará a la humanidad; pero deja las sumas así invertidas sean moderadas, y nunca permita que un hombre tontamente ponga en peligro una fortuna que ha ganado de manera legítima, invirtiéndola en cosas en las que no ha tenido experiencia.

NO SEAS FIADOR DE NADIE SIN GARANTÍAS

Ningún hombre debería endosar una nota o convertirse en garantía o fiador, para ningún hombre, ya sea su padre o hermano, en mayor medida de lo que puede permitirse perder y cuidar nada al respecto, sin tener seguridad. Si hay un hombre que posee un capital de veinte Mil dólares; está haciendo un próspero comercio industrial o mercantil; tú estás jubilado y vives de tu dinero; viene a ti y te dice: "Usted es consciente de que tengo veinte mil dólares y no debo un dólar; si tuviera cinco mil dólares en efectivo, podría comprar un lote particular de bienes y duplicar mi dinero en un par de meses; ¿respaldarás mi crédito por esa cantidad?"

Te demuestra que posees veinte mil dólares y no corres

ningún riesgo respaldando su crédito; te confías, y le prestas tu nombre sin tomar la precaución de conseguir seguridad. Poco después, te muestra el la nota con su respaldo cancelado, y le dice, probablemente de verdad, "que él obtuvo el beneficio que esperaba con la operación ", usted refleja que ha hecho una buena acción, y el pensamiento te hace sentir feliz. Poco a poco lo mismo ocurre de nuevo y lo vuelve a hacer; ya ha ganado tu confianza y piensas que es perfectamente seguro servirle de fiador sin garantía.

Pero el problema es que este hombre obtiene dinero con demasiada facilidad. El solo tiene que tomar Su crédito que el banco le otorga, retira y lleva el dinero en efectivo. Obtiene el dinero en poco tiempo sin esfuerzo; sin inconvenientes para sí mismo. Ahora mira el resultado. Ve una oportunidad para la especulación fuera de su negocio. Un temporal Se requiere una inversión de solo $ 10,000. Seguro que volverá con el crédito aprobado por el banco . Coloca una nota por esa cantidad ante ti. Tu lo firmas casi mecánicamente. Estas firmemente convencido de que su amigo es responsable y confiable; respaldas sus créditos como una "cuestión de rutina".

Desafortunadamente, la especulación no llega a un punto crítico tan pronto como se esperaba, y se debe descontar otro billete de $ 10,000 para tomar el último a su debido tiempo. Antes de que venza el crédito, la especulación ha resultado ser un fracaso y todo el dinero se pierde. ¿El perdedor le dice a su amigo, el fiador, que ha perdido la mitad de su fortuna? Para nada. Ni siquiera menciona que tiene especulado en absoluto. Pero se ha emocionado; el espíritu de la especulación se ha apoderado de él; ve a otros haciendo grandes sumas de esta manera (rara vez oímos hablar de los perdedores), y, como otros especuladores, "busca su dinero donde lo pierde". Lo intenta de nuevo.

Servirle de fiador se ha vuelto crónico para usted, y en cada pérdida él obtiene su firma por la cantidad que quiera. Finalmente descubres que tu amigo ha perdido todas sus propiedades y todas las tuyas. Estás abrumado por el asombro y dolor, y dices "es una cosa dura; mi amigo me ha arruinado ", pero tú podrías agregar: "Yo también lo he arruinado". Si hubiera dicho en primer lugar: "Lo haré , pero nunca sirvo de fiador sino tengo la suficiente seguridad y garantía", no hubiera ido más allá de la longitud de su cuerda, y nunca habría sido tentado a alejarse de su negocio legítimo. Es una cosa muy peligrosa, por lo tanto, en cualquier momento, permitir que la gente se apodere del dinero con demasiada facilidad; es ser tentado a especulaciones arriesgadas, sin nada más.

Así sucede con el joven que se inicia en los negocios; déjalo entender el valor del dinero ganándolo. Cuando comprenda su valor, poco o poco podrás ayudarlo a iniciar un negocio, pero recuerde, los hombres que se ganan el dinero con demasiada facilidad no suele tener éxito. Debe conseguir el sus primeros dólares por golpes duros, y con algún sacrificio, con el fin de apreciar el valor de esos dólares.

ANUNCIE SU NEGOCIO

Todos dependemos, del público para nuestro apoyo y crecimiento. Todos comerciamos con el público: abogados, médicos, zapateros, artistas, herreros, escenógrafos de ópera, presidentes de ferrocarriles y profesores universitarios. Aquellos que tratan con el público debe tener cuidado de que sus bienes sean valiosos; que son genuinos, y dará satisfacción. Cuando recibe un artículo que sabe que va a complacer a sus clientes, y que cuando lo hayan probado, sentirán que valió la pena gastar o invertir su dinero, luego déjele saber que usted lo tiene. Es importante y necesario anunciarlo y darle publicidad de una forma u otra porque es evidente que si un hombre tiene un producto tan bueno a la venta, y nadie lo sabe, nadie lo comprará.

Es necesario invertir en publicidad, en marketing digital y utilizar todos los medios posibles para dar a conocer sus productos o servicios, hay países donde casi todo el mundo lee, y donde se publican los periódicos, circulando ediciones de cinco mil a doscientos mil, No sería sabio si no se aprovechó este canal para llegar al público en publicidad. Un periódico entra en la familia y es leído por la esposa y los hijos, así como el jefe de hogar; por lo tanto, cientos y miles de personas pueden Leer su anuncio, mientras se ocupa de su negocio de rutina. Muchos, quizás, leerán mientras se acuesten. Toda la filosofía de la vida es, primero "sembrar", luego "cosechar". Así es como lo hace el agricultor; él planta sus papas y maíz, y siembra su grano y luego se dedica a otra cosa, y llega el momento en que cosechas. Pero nunca cosecha primero y siembra después.

Este principio se aplica a todo tipo de negocios, y nada más eminentemente que la publicidad. Si un hombre tiene un artículo genuino, no hay forma de que pueda cosechar más ventajosamente que "sembrando" al público de esta manera. Debe, por supuesto, tener un buen artículo, y uno que capte la atención de sus clientes; un mal artículo no lo hará triunfar permanentemente porque el público es más sabio de lo que muchos imaginan. Hombres y las mujeres somos egoístas, y todos preferimos comprar donde podemos sacar el máximo provecho a nuestro dinero y tratamos de averiguar dónde podemos hacerlo con mayor seguridad.

Puede anunciar un artículo falso e inducir a muchas personas a llamar y comprarlo una vez, pero te denunciarán como un impostor y estafador, y tu el negocio se extinguirá gradualmente y te dejará pobre. Esto es correcto. Muchas personas se acostumbran a comprar dónde encuentran buenos productos y buenos precios, todos necesitan que sus clientes regresen y compren de nuevo.

Así que un hombre que hace publicidad debe seguir así hasta que el público sepa quién y qué es, y cuál es su negocio, o el dinero invertido en publicidad estará perdido.

Algunos hombres tienen un genio peculiar para escribir un anuncio llamativo, uno que llamará la atención del lector a primera vista. Este hecho, por supuesto, da al anunciante una gran ventaja. A veces un hombre se hace popular por un cartel único o una curiosa exhibición en su ventana.

SEA CORTÉS Y AMABLE CON SUS CLIENTES

La cortesía y la amabilidad son el mejor capital jamás invertido en negocios. Grandes tiendas, letreros dorados, anuncios en llamas, todo resultará inútil si usted o sus empleados tratan a sus clientes de manera abrupta o descortés. La verdad es que la amabilidad y el buen trato es el más generoso patrocinio otorgado por el hombre. El hombre que vende la mayor cantidad de bienes de buena calidad correspondiente por la suma mínima (aún reservándose un beneficio) generalmente tienen mejores resultados a largo plazo. Esto nos lleva a la regla de oro, "Como vosotros Quisiera que los hombres te hicieran a ti, hazlo tú también a ellos "y lo harán mejor si usted siempre los tratara como si quisiera sacar el máximo provecho fuera de ellos por el menor retorno.

Hombres que negocian con sus clientes, actuando como si nunca Esperaba volver a verlos, no se equivocará. Nunca los volverán a ver como clientes.

SEA CARITATIVO

Por supuesto que los hombres deben ser caritativos, porque es un deber y un Placer. Pero incluso como una cuestión de política, si no posee un incentivo mayor, encontrará que el hombre generoso tendrá patrocinio, mientras que el avaro alejara a muchos y traerá miseria a su vida por poco caritativo.

Salomón dijo: "Hay quienes reparten, y les es añadido más; Y hay quienes retienen más de lo que es justo, pero vienen a pobreza".

Por supuesto la única y verdadera caridad es la que viene del corazón. El mejor tipo de caridad es ayudar a quienes están dispuestos a ayudarse a sí mismos.

Limosna apresurada, sin indagar sobre la dignidad del solicitante, es malo en todos los sentidos. Pero buscar y ayudar en silencio a aquellos que están luchando por sí mismos, es del tipo que reparte y sin embargo aumenta. Pero no caigas en la idea que algunas personas practican, de dar una oración en lugar de una papa, y una bendición en lugar de pan, al hambriento. Es más fácil hacer cristianos con estómagos llenos que vacíos.

NO HABLES MAS DE LA CUENTA

Algunos hombres tienen la estúpida costumbre de contar sus secretos comerciales. Si ellos ganan dinero y les gusta contarles a sus vecinos cómo lo hizo. No se gana nada por esto, y muchas veces se pierde mucho. No digas nada sobre tus ganancias, tus esperanzas, tus expectativas, tus intenciones. Y esto debería aplicarse tanto a las letras como a la conversación.

Los hombres de negocios deben escribir cartas, pero deben tener cuidado con lo que escriben. en ellos. Si está perdiendo dinero, tenga especial cuidado y no lo diga, o perderá su reputación.

PRESERVA TU INTEGRIDAD

La integridad es más preciosa que los diamantes o los rubíes. Este consejo no sólo era atrozmente malo, sino que es la esencia misma de la estupidez: era tan tanto como para decir que si le resulta difícil obtener dinero honestamente, puede obtener fácilmente deshonestamente. No saber que lo más difícil en la vida es hacer dinero deshonestamente!

Sin saber que nuestras cárceles están llenas de hombres que intentaron seguir este consejo; no entienden que no deberían ser deshonestos, que pronto se descubrirá , y que cuando se descubre su falta de principios, casi todas las vías al éxito estarán cerradas contra él para siempre. El público evita muy apropiadamente si duda de la integridad. No importa cuán educado, agradable y complaciente sea un hombre, ninguno de nosotros se atreve a tratar con él si sospechamos "pesos falsos y medidas." La honestidad estricta, no solo es la base de todo éxito en la vida.(financieramente), pero en todos los demás aspectos.

La integridad de carácter intransigente es invaluable. Asegura a su poseedor de una paz y un gozo que no se pueden alcanzar sin él, que dinero, o casas y tierras se pueden comprar. Un hombre que es conocido por ser estrictamente honesto, puede ser muy pobre, pero tiene los bolsillos de toda la comunidad a su disposición. Disposición, porque todos saben que si promete devolver lo que pide prestado, nunca los defraude. Por una simple cuestión de egoísmo, por lo tanto, si un hombre hubiera sin motivo superior para ser honesto, todos encontrarán que el consejo del Dr. Franklin nunca dejara de ser verdad, que "la honestidad es la mejor política".

Enriquecerse no siempre equivale a tener éxito. "hay muchos pobres ricos ", mientras que hay muchos otros, hombres honestos y devotos y mujeres, que nunca han poseído tanto dinero como algunos ricos despilfarran en una semana, pero que, sin embargo, son realmente más ricos y felices que cualquier otro hombre puede serlo siempre que transgreda las leyes superiores.

El amor desmesurado al dinero, sin duda, puede ser y es "la raíz de todos los males", pero el dinero en sí mismo, cuando se usa correctamente, no es sólo "algo útil para tener en casa ", también ofrece la gratificación de bendecir nuestras vidas al permitir que su poseedor pueda ampliar el alcance de la felicidad humana y la influencia humana. El deseo de La riqueza es casi universal, y nadie puede decir que no sea loable, siempre que su poseedor acepte sus responsabilidades y lo use para ayuda de la humanidad.

La historia de la adquisición de riqueza, en el comercio, es una historia desde que inició la civilización, y desde entonces el comercio ha florecido más, también hay arte y la ciencia produjo los frutos más nobles.

De hecho, en general, los multimillonarios y hombres con

fortunas son los benefactores de nuestras sociedades. Gracias A ellos, en gran medida, estamos en deuda con nuestro instituciones de aprendizaje y de arte, nuestras academias, colegios e iglesias.

Un argumento contra el deseo o la posesión de riqueza, es decir que hay a veces avaros que acumulan dinero sólo por acaparar y que tienen no hay aspiración más alta que la de captar todo lo que esté a su alcance. Como a veces tenemos hipócritas en religión y demagogos en política, por lo que ocasionalmente son avaros entre los que obtienen dinero. Estos, sin embargo, son solo excepciones a la regla general.

Pero cuando, en este país, encontramos tal molestia y piedra de tropiezos como avaros, intentando evadir impuestos, pudiendo ayudar al prójimo no lo hacen y viven la vida sin entender que a su debido curso de la naturaleza vendrá el tiempo en que el polvo vuelva al polvo.

A todos los hombres y mujeres: ganen dinero honestamente, y no de otra manera, cómo dijo el sabio Salomón:

"En la casa del honesto hay gran provisión; Pero turbación en las ganancias del impío."

El fin del discurso es este : " No hay cosa mejor para el hombre sino que coma y beba, y que su alma se alegre en su trabajo. También he visto que esto es de la mano de Dios.

www.ingramcontent.com/pod-product-compliance
Lightning Source LLC
Chambersburg PA
CBHW050319220526
45465CB00005B/2042